Spielend leicht lernen

Christian Becker

Die Wilden Hühner

Diktate

Deutsch 4. Klasse

Bilder von Cornelia Funke

Verlag Friedrich Oetinger · Hamburg

Liebe Hühner-Fans!

Dreimal dürft ihr raten, was die Wilden Hühner nachmittags am liebsten machen: na klar, ihre Geheimschrift üben, Kekse backen, Oma Slättbergs Hühnerstall ausmisten, die Pygmäen in Schach halten und und und.
Leider müssen sie auch immer noch Zeit für die Hausaufgaben finden.
Das kommt euch bekannt vor? Auch ihr als Wilde-Hühner-Fans kommt am Üben und Wiederholen natürlich nicht vorbei. Aber mit Sprotte, Frieda und all den anderen werdet ihr feststellen, dass sogar Diktate üben richtig Spaß machen kann.

Und so geht's: Auf jeder Seite findet ihr Aufgaben, die ihr lösen könnt.
Außerdem steht oben auf jeder Seite ein Text, den ihr euch diktieren lassen könnt oder den ihr abschreibt. Ihr könnt die Diktattexte auch alleine üben. Damit das klappt, lest ihr euch einen Satz durch und merkt ihn euch. Schreibt ihn dann auswendig auf. Zum Schluss vergleicht ihr, ob ihr alles richtig geschrieben habt.

Oetinger Lernhilfen: Spielend leicht lernen
Einband- und Reihengestaltung: Ralph Bittner
Innengestaltung: Behrend & Buchholz, Hamburg
Titelfiguren und Illustrationen von Cornelia Funke
Reproduktion: Domino Medienservice GmbH, Lübeck
Druck und Bindung: Westermann Druck Zwickau GmbH, Zwickau
Printed in Germany 2006
ISBN-13: 978-3-7891-1734-3
ISBN-10: 3-7891-1734-X

www.wilde-huehner.de
www.oetinger.de

Lies den Text. Er ist in Großbuchstaben und zusammengeschrieben.
Setze Trennstriche zwischen den Wörtern und schreibe ihn in **Groß-** und **Kleinschreibung** ab.

DIE/MÄDCHENTREFFENSICHINOMASGARTEN.
DIEBANDEHATSICHFÜRDREIUHRVERABREDET.
NATÜRLICHKOMMTFRIEDAWIEDERZUSPÄT.
SIEMUSSAUFIHRENKLEINENBRUDERAUFPASSEN,
WEILIHREMUTTERZUMFRISEURGEGANGENIST.
ALSFRIEDAENDLICHDAIST,FANGENSIEAN.
SIEGEBENSICHEINENBANDENNAMEN:
DIEWILDENHÜHNER.

Achtung:
Bei **Namen** wie Banden- oder Gruppennamen
können auch **Wiewörter** großgeschrieben werden:

		Banden- oder Gruppennamen
wilde Hühner	aber	die Wilden Hühner
tote Hose	aber	die ______________
glorreiche Sieben	aber	die ______________

Lies den Text genau durch. Findest du die **Nomen (Namenwörter)**? Unterstreiche sie.

Die Bande der Wilden Hühner besteht aus fünf Mädchen. Ihr Bandenzeichen ist eine Hühnerfeder, die jedes Mitglied um den Hals trägt. Die fünf sind sehr gute Freundinnen geworden und haben immer viele Einfälle. Jede legt für die andere die Hand ins Feuer. Oft helfen die Mädchen Sprottes Oma im Garten und kümmern sich um ihre Hühner. Aber vor allem lieben sie es, den Pygmäen Streiche zu spielen. Sie ärgern sich, weil die Jungen ein Baumhaus haben, denn sie haben noch keinen Bandentreff.

Einzahl	**Mehrzahl**
das ______	die Hühner
der Hals	die ______
______	die Einfälle
die Hand	______
der Garten	______
der Baum	______
das Haus	______

Lies den Text und unterstreiche alle Wörter mit **doppeltem Mitlaut (Konsonant)**.

Sprotte will im Schuppen von Oma Slättberg aufräumen. Dort herrscht riesige Unordnung:
die ölige Kette einer Motorsäge, eine alte Hacke, eine Türmatte, eine rostige Regentonne und viele schimmelige Blumentöpfe.
Wohin sie auch schaut, überall steht oder liegt etwas. Sie beginnt, die Sachen nach draußen zu schleppen bis an die Hecke. Unter einer dicken Pappe entdeckt sie eine Mausefalle, in der noch frischer Speck liegt. Sie steckt einen Stock hinein und die Falle schnappt zu. Nun kann nichts mehr passieren.

Lies den Text und unterstreiche auch hier alle Wörter mit **doppeltem Mitlaut**.
Die Hühner haben die Reimwörter weggepickt. Findest du sie?

Sprotte und ihre Mutter sind am Sonntag zu Oma Slättberg gefahren. Alle wollen sich einen schönen Tag machen. Sprotte will schnell noch in den Stall und den Hühnern etwas zu fressen geben. Danach will sie sich im Liegestuhl sonnen. Sie schüttet die Körner auf den Boden und sofort fangen die Hennen an zu picken und zu scharren. Zufrieden sinkt Sprotte in den Liegestuhl und schließt die Augen. Es ist einfach herrlich. Plötzlich spürt sie einen Schatten über sich. Es ist Oma Slättberg. In der Hand hält sie eine Hacke: „Sprotte, kannst du mal eben ..."

Lies den Text und setze die fehlenden **Wiewörter (Adjektive)** ein.
Übrigens: Adjektive schreibt man klein.

Das sind die Mädchen der Wilden Hühner. Sprotte kann manchmal ruppig oder mürrisch sein, aber sie hat immer ____________ Einfälle. Die ____________ Trude nascht für ihr Leben gern. Die ____________ Melanie ist immer gut gekämmt, aber trotzdem ist auf sie absolut Verlass. Die ____________ Frieda passt oft auf ihren Bruder auf. Die ____________ Wilma spioniert für ihr Leben gern. Jedes Mädchen ist anders, aber alle sind beste Freundinnen.

Adjektive kannst du steigern:

1. Stufe Grundstufe	2. Stufe Vergleichsstufe	3. Stufe Höchststufe
dick	dicker	am dicksten
schön		
neugierig		
fürsorglich		
groß		
klein		
lang		
weit		

Lies den Text und setze die fehlenden Buchstaben ein.

Torte sitzt im Baumhaus und baumel__ mit den Beinen.

Er gähn__ und guck__ gelangweilt auf den Boden.

Wo nur die anderen bleiben? Plötzlich knack__ es.

Willi erschein__. Er kletter__ auf den Baum zu Torte.

„Wo sind die anderen?“, frag__ Torte.

Willi grins__. „Warte, gleich sind sie da!“

Von hinten spring__ Steve in den Baum.

Er schwitz__ und keuch__: „Ist Fred hier?“

Da tauch__ er auf. Er kriech__ durch die Büsche und kicher__.

Als er oben ist, schütte__ er sich aus vor Lachen.

„Ich habe Sprotte ihre Feder geklaut. Oh, war sie wütend.“

Hier kannst du den Text von Seite 8 abschreiben.
Unterstreiche alle **Verben**, die in der **Er-Form (3. Person)** verwendet werden.

Lies den Text und unterstreiche alle **Tuwörter (Verben)**.

Sprotte schimpft und flucht. Sie ärgert sich schwarz, weil die Jungen ihre Feder gestohlen haben. Warum hat sie die Feder auch nur einen Moment auf den Gartentisch gelegt und nicht aufgepasst? Sie bohrt mit dem großen Zeh ein Loch in den Boden und kaut auf einem Stöckchen. Sie überlegt, wie sie ihre Feder wiederbekommen kann. Es hilft nichts. Sie muss den anderen Mädchen von ihrer Schande erzählen. Sie schüttet das Loch wieder mit Erde zu, seufzt und setzt sich auf ihr Fahrrad. Sie will zu Frieda. Vielleicht hat die eine Idee.

	Grundform
sie schimpft	schimpfen
sie flucht	
sie ärgert sich	sich
sie bohrt	
sie kaut	
sie überlegt	
es hilft	
sie schüttet	
sie seufzt	
sie setzt sich	sich setzen
sie hat	

Lies den Text. Das unterstrichene Wort ist ein **Nomen**, das aus einem **Verb** entstanden ist. Findest du noch mehr Verben, die zu einem Nomen geworden sind? Unterstreiche sie.

Frieda verabschiedet sich nach dem Essen schnell von ihrer Mutter. Sie muss heute zu einem Treffen, zu dem Sprotte die Bande kurz vor dem Mittag eingeladen hat. Das Laufen dauert ihr zu lange, deshalb schwingt sie sich auf ihr Rad. Sie tritt in die Pedale. Sprotte wartet schon am Treffpunkt. „Nicht mehr so gut in Form, was? Dein Keuchen konnte ich ja schon lange hören", spottet sie. Aber dann guckt sie ihre Freundin freundlich an. „Hier, nimm etwas zu trinken. Ich habe selbstgemachte Limonade vorbereitet, weil mir das Warten zu lang wurde." Sie schiebt Sprotte ein Glas hin. „Wenn die anderen kommen, sage ich euch, was los ist."

Verben	**substantivierte Verben**
essen	nach dem Essen
treffen	zu einem
laufen	das
keuchen	dein
warten	das
kaufen	das
trinken	das
betreten	das
kommen	das
telefonieren	das
schwimmen	beim
joggen	vom

Substantivierte Verben sind Nomen. Schreibe sie groß.

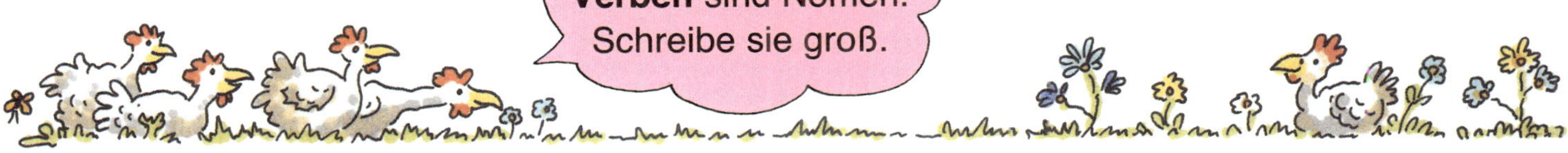

Lies den Text, unterstreiche die Wörter mit **vor-** und **ver-** und trage sie in die Tabelle ein.

„Wir müssen uns morgen verabreden", flüstert Sprotte Frieda mitten in der Deutschstunde zu. „Bist du verrückt geworden? Sei still!", flüstert Frieda zurück. „Frau Rose guckt schon." Verlegen rutscht sie auf dem Stuhl herum. „Wir treffen uns auf dem Klo, ich gehe voraus", murmelt Sprotte und will verschwinden. „Das geht jetzt nicht", zischt Frieda, „das kannst du nicht von mir verlangen." „Frieda, welchen Vorschlag hast du zu diesem Problem?" Frau Rose steht plötzlich vor ihrem Tisch. „Das habe ich vergessen", stottert Frieda. „Ich verlange mehr Aufmerksamkeit von dir im Unterricht!", sagt Frau Rose und wendet sich an Sprotte: „Dann kannst du jetzt deine Hausaufgaben vorlesen."

Lies den Text und unterstreiche alle Wörter mit **ck**.
Schreibe die **Verben** in ihrer **Grundform (Infinitiv)** auf und trenne sie, wenn es geht.

Oma Slättberg will alle Hühner verkaufen, weil sie keine Eier legen. Sprotte findet das schrecklich und kann es kaum fassen. Sie versucht ihre Wut herunterzuschlucken. Sie hackt im Gemüsebeet und schüttelt nur mit dem Kopf. Die Hühner laufen um sie herum und picken unter den Hecken und den Beeten. Sie ahnen nichts. „Die hat doch eine richtige Macke! Sonst meckert sie nur rum, aber jetzt reicht es", murmelt Sprotte wütend. Sie wirft einen vernichtenden Blick zum Haus. „Ich rackere mich ab für sie und sie entscheidet einfach so etwas!"
Betrübt wackelt sie mit dem Kopf und nickt den Hühnern verschwörerisch zu: „Macht euch keine Sorgen. Uns wird schon noch etwas einfallen!"

Ob ein Wort am Wortende mit **d** oder **t** endet, kannst du oft nicht hören. Verlängere das Wort in der Übung unten und setze dann **d** oder **t** im Text ein. Es ist ganz einfach.

Oma Slättberg steht an ihrem Her___. Sie macht Pfannkuchen. Ein köstlicher Duf___ steigt auf. Sprotte hebt den Kopf in die Luf___ und schnuppert. Sie hat den ganzen Nachmittag Unkrau___ gezupf___. Jetzt kleben Staub und Schweißtropfen auf ihrer Hau___.
„Komm, Kin___, du kannst essen“, ruft Oma. Der Pfannkuchen liegt run___ und fettig auf ihrem Teller. Sprotte legt sofort los und ist schnell fertig. Sie leckt sich den Mun___ ab. „Du hast wirklich Wor___ gehalten, Oma, jetzt tut es mir nicht mehr so lei___, dass ich den ganzen Nachmittag hier war“, seufzt Sprotte.

Formen mit d oder t am Ende	**Verlängerungsform**
der Her___	die Her d e
___	die Düf t e
___	die Lüf___e
___	die Kräu___er
___	gezupf___e Kräuter
___	die Häu___e
___	die Kin___er
___	run___e Pfannkuchen
___	die Mün___er
___	die Wör___er
___	lei___en

Findest du im Text alle Wörter mit **b** oder **p**? Setze die fehlenden Buchstaben ein und unterstreiche die Wörter.

Klassenfahrt! Alle freuen sich schon darauf. „Aber das ist kein Urlaub!“, sagt Frau Rose immer. Die Kinder drängeln sich mit ihren Taschen, Rucksäcken und Koffern an der Anlegestelle. Das Wetter ist trü___ und ne___lig, aber die Stimmung ist gut. Trude stellt ihren Kor___ kurz ab. Als sie ihn wieder hochhe___t, hat sich darunter eine Pfütze gebildet. Sie ist groß und gel___. Trude schreit auf: „Oh, die Flasche läuft aus, mein Mikrosko___! Das habe ich mitgenommen, weil ich das Wasser und die Wattwürmer untersuchen will!“ „Bei dir pie___t es wohl“, raunt Steve ihr zu und bufft sie etwas gro___ in die Seite.

Verwende wieder den Verlängerungstrick.
Schreibe die Wörter der Wortfamilien auf Seite 16 auf.

Urlau___:	Urlauber, die Urlaube, Urlau___sreise
trü___:	trü___es Wetter, betrü___en, Trü___sal
ne___lig:	der Ne___el, verne___eln, Nebellicht
Kor___:	die Kör___e, Korbflechter
he___t:	he___en, Gewichthe___er, der He___el, Hu___raum
gel___:	gel___e Farbe, gel___lich
Mikrosko___:	die Mikrosko___e, mikroskopieren, mikrosko___isch klein
pie___t:	pie___en, Laubenpie___er, Pie___matz
gro___:	gro___er Sand, vergrö___ern, Gro___heit

Hier kannst du die Wörter mit **b** und **p**, die auf Seite 15 stehen, einordnen.

Wörter mit b: ______________________

____

____

____

____

____

____

Wörter mit p: ______________________

____

____

____

____

____

____

ab laden, ____ schieben, ____ schreiben, ____ holen, ____ machen,

die Ab reise, die ____ fahrt, die ____ sage, der ____ flug

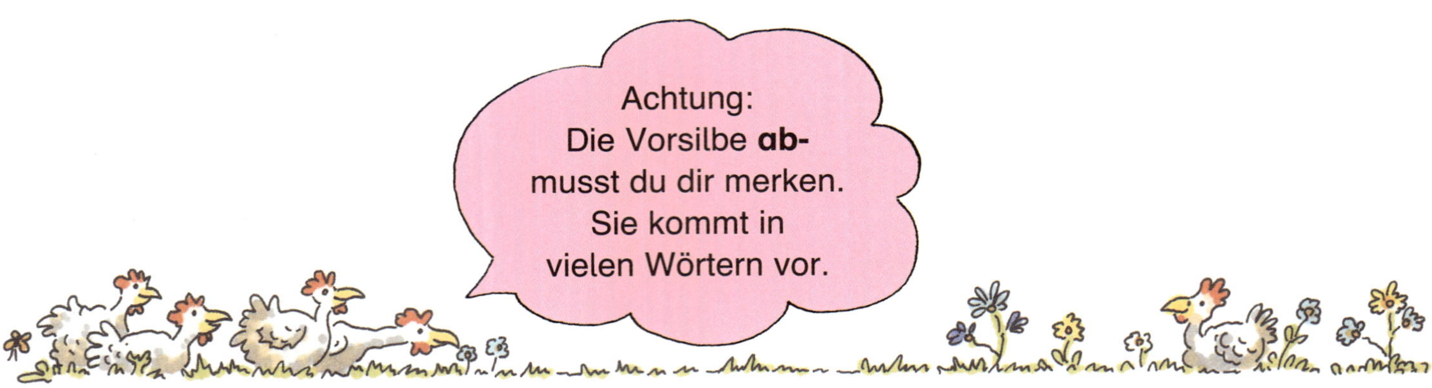

Kannst du **g** oder **k** im Wort unterscheiden? Ergänze die fehlenden Buchstaben.

Sprotte sin___t leise vor sich hin, dabei deckt sie den Tisch. Sie hat Brot geschnitten und Quar___ mit Kräutern gemacht. Sie schmeckt ihn ab: Ein wenig salzi___ ist er geworden. Dazu gibt es selbstgemachte Limonade. Sie le___t noch Servietten neben die Teller und betrachtet zufrieden ihr Wer___. Sie fällt auf den Stuhl, bie___t den Kopf zur Seite und betrachtet die Beete. Ein kleiner Gartenzwer___, mitten ins Salatbeet. Vielleicht einer, dessen Bommel an der Mütze blin___t. Das wäre doch ein passendes Geschen___ für Oma Slättberg! Aber wahrscheinlich lie___t ihr dieser Kitsch gar nicht. Da bie___t schon Trude um die Ecke und win___t ihr zu.

Lang gesprochene Selbstlaute können verdoppelt werden: **aa**, **oo**, **ee**.
Unterstreiche die Wörter mit **doppeltem Selbstlaut**.
Schreibe sie auf und präge sie dir gut ein.

Die Wilden Hühner sprechen über ihre Klassenfahrt. Frieda liebt es, im Meer zu baden. „Das ist mir viel zu kalt“, meint Sprotte. „Mir genügt ein Bad im See. Nicht ohne Grund trinken die Leute an der Nordsee immer Tee und nie kalten Kaffee. Sie müssen sich aufwärmen, damit sie nicht erfrieren! Und dann, wenn ich schon an das Essen denke, alle in einem großen Saal. Vielleicht gibt es freitags Aal! Furchtbar!“ Melanie schaltet sich ein: „Und mein Haar, bestimmt ist es immer zerzaust!“ Trude schüttelt den Kopf: „Ihr habt sie nicht alle – ein paar Brote wird es dort wohl auch geben, und wenn nicht, dann musst du eben mal mit leerem Bauch ins Bett!“

aa:

ee:

Meer

Die beiden Buchstaben **ch** stehen für zwei verschiedene Laute. Hörst du den Unterschied in den Wörtern ich und Bach? Unterstreiche alle Wörter mit ch, die wie in ich klingen, rot. Unterstreiche alle Wörter, die wie in Bach klingen, blau. Schreibe sie auf.

Wilma gehörte am Anfang nicht zu den Wilden Hühnern. Während der Klassenfahrt lernt sie die vier Mädchen, Melanie, Sprotte, Trude und Frieda, aber näher kennen und möchte zu ihnen gehören. Und wirklich, sie wird in die Bande aufgenommen. Nachts findet im Zimmer die Aufnahme statt. Natürlich machen die Mädchen das sehr feierlich. Ein Tuch wird vor das Fenster gehängt, Frieda kocht Rosenblütentee, das Licht wird ausgedreht und nur Kerzen erleuchten die Dunkelheit. Wilma sagt den Schwur auf. Sie ist mächtig stolz und plötzlich fühlt sie sich ganz wunderbar. Sie ist jetzt ein echtes Huhn – und nun müssen die Pygmäen noch mehr aufpassen, denn jetzt rechnet es sich so: fünf Wilde Hühner gegen vier Pygmäen.

ch wie in ich:

nicht,

ch wie in Bach:

Kannst du auch diese Wörter einordnen?

Buch, fürchten, Dach, Krach, sicher, flach, versuchen

Findest du im Text alle Wörter mit **ie**? Unterstreiche sie.

Auf der Klassenreise unternehmen die Wilden Hühner und die Pygmäen viel. An einem Tag besuchen sie auch ein kleines Heimatmuseum. Dort hängen viele verschiedene Bilder an den Wänden: Tiere, riesige Gemälde von Seeleuten und der Kiefer eines Wales. Das ist alles ziemlich interessant. Aber besonders spannend ist die Geschichte von einem Mann, der nicht ein einfacher Dieb war, sondern ein Mörder. Zur Strafe für seine Verbrechen im Diesseits findet er keine Ruhe, sondern spukt noch immer als Gespenst auf Friedhöfen. Alle schütteln sich vor Grausen und beschließen, heute ihre Tür gut abzuschließen – wenn das geht. Sie wollen bloß nicht im tiefen Schlaf von einem Gespenst geweckt werden.

Übe mit Reimen:

die	viel	tief
sie	S____	M____
wie	Z____	schn____
Dieb	beschließen	Riese
l____	beg____	m____
er r____	gen____	L____

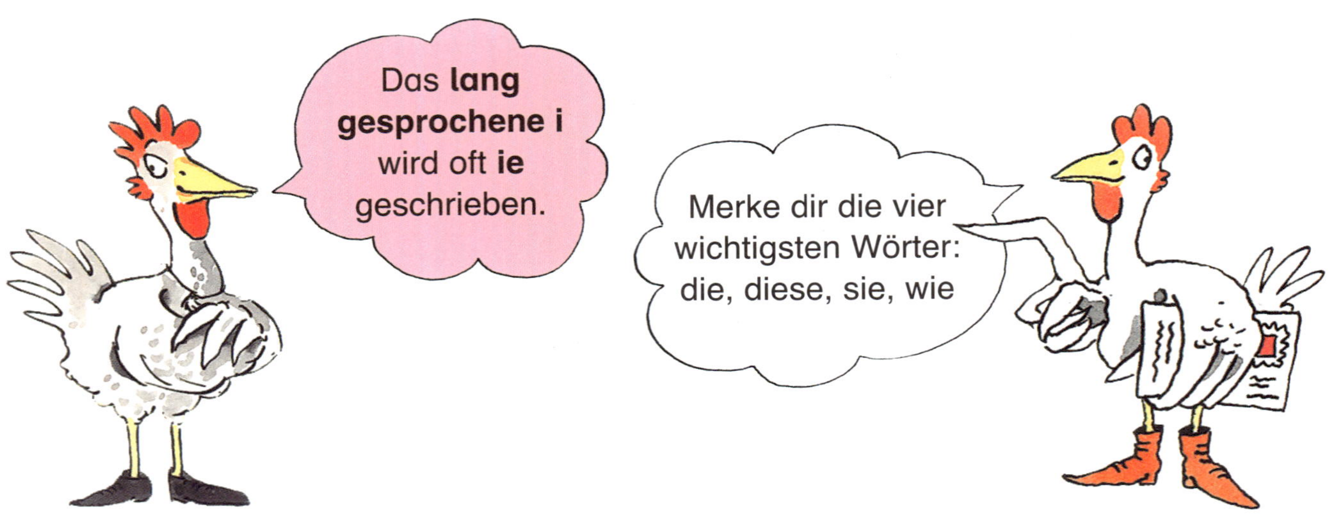

Manche zusammengesetzten Wörter sind aus einem Verb und einem Nomen entstanden.
Ein Beispiel dafür ist das Wort Klassenfahrt.
Lies den Text und unterstreiche die **zusammengesetzten Nomen**. Schreibe sie auf.

Während der Klassenfahrt haben die Mädchen viel Spaß. Sie machen es sich in ihrem Zimmer gemütlich. Sprotte sitzt am Schreibtisch. Sie will einen Brief an Oma Slättberg schreiben. „Ich bin eine Schlafmütze! Mir fällt nichts ein!“ Sie schiebt sich ein Kaugummi in den Mund. Frieda wedelt mit ihrem Waschlappen vor Sprottes Nase. „Soll ich dich frisch machen?“, lacht sie. „Kommt, wir gehen raus. Ich habe Hüpfkästchen auf dem Hof gesehen!“, schlägt Wilma vor. „Und ich ein Rennrad“, ruft Melanie. Sie zieht ihre Laufschuhe unter dem Bett hervor. Trude sagt: „Wenn ich meine Kletterschuhe dabeihätte, würde ich in die Dünen klettern. Aber so bleibe ich lieber mit meinem Schmusetier im Bett. Geht ruhig los. Ich bin eben eine Leseratte!“

schreiben	+	Tisch	=	
schlafen	+	Mütze	=	
kauen	+	Gummi	=	
waschen	+	Lappen	=	
hüpfen	+	Kästchen	=	
rennen	+	Rad	=	
laufen	+	Schuhe	=	
klettern	+	Schuhe	=	
schmusen	+	Tier	=	
lesen	+	Ratte	=	

Das **v** wird manchmal wie **f** und manchmal wie **w** gesprochen. Unterstreiche die Wörter im Text, die mit v anfangen, und ordne sie richtig in die Tabelle ein.

Die Klassenfahrt geht viel zu schnell zu Ende. Zum Abschied wollen alle eine Disco veranstalten. Die Vorfreude auf den Abend ist groß. Die vier Jungen haben sich sehr schick gemacht. Melanie findet, sie sehen zu brav aus. Steve hat eine Fliege umgebunden und den Zauberanzug angezogen. Fred trägt am Ohr einen kleinen Krebs. Torte ist für die Musik verantwortlich. Es gibt kein Klavier, aber viele Kassetten. Steve verehrt Trude eine lange Muschelkette und einen kleinen Veilchenstrauß. Er verrät keinem, wo er ihn herbekommen hat. Er ist ein richtiger Kavalier und Trude wird ganz verlegen.

v wie f ausgesprochen	**v wie w ausgesprochen**

Ordne auch die folgenden Worte richtig ein:
Vase, Verkehr, Vokal, Vanille,
vielleicht, Vater, Villa, Violine

Schreibe den Text in schöner Schrift und ohne Fehler ab. Lies zuerst den ganzen Text, dann lies einen Satz oder den halben Satz, merke ihn dir, schreibe ihn aus dem Kopf hin, kontrolliere diesen Teil, berichtige deine Fehler und weiter geht's.

Die Wilden Hühner sind von ihrer Klassenfahrt zurück. Aber zu Hause erwartet sie eine böse Überraschung. Oma Slättberg will die Hühner schlachten, weil sie keine Eier mehr legen! Die Mädchen sind empört! Alle sind sich einig, dass sie die Tiere retten müssen. Aber wie? Endlich haben sie eine Idee. Sie wollen die Hühner stehlen. Aber es sind fünfzehn Stück! Das können sie nicht alleine schaffen. Also beschließen sie, die Pygmäen einzuweihen. Sie sollen ihnen dabei helfen. In der letzten Zeit haben sie sich schließlich gut mit den Jungen verstanden. Sie nehmen ihren ganzen Mut zusammen und fragen Fred und Steve, ob sie ihnen bei dieser Aktion helfen. Und wirklich, die Pygmäen sind gar nicht so blöd. Sie wollen den Mädchen bei der Rettung der Hühner beistehen.

Unterstreiche alle Wörter mit **ss** und überprüfe, ob der vorangehende Selbstlaut wirklich kurz gesprochen wird. Schreibe die **Verben** in der **Grundform** und in der **Er-Form** auf.

Fred hat sich mit den anderen Pygmäen verabredet. „Wir müssen den Mädchen helfen, die Hühner zu retten! Sprottes Oma lässt sie sonst umbringen!“, erzählt er. „Muss das sein? Warum hasst sie die Viecher so?“, wundert sich Willi. „Oma Slättberg meint, dass sie nur noch fressen und keine Eier mehr legen!“, erklärt Torte die Lage. „Das könnte Oma so passen!“, empört sich Steve. Die Jungen beschließen, den Wilden Hühnern zu helfen. Zusammen wollen sie die Hühner heimlich in Kartons stecken und stehlen. Hoffentlich schaffen sie es, alle zu fassen. Aber wenn sich die Hühner von den Jungen nicht anfassen lassen, was dann?

In diesem Text ist alles kleingeschrieben. Lies ihn gut durch und markiere alle Wörter, die du am Anfang **großschreiben** musst. Schreibe den Text richtig auf.

die wilden hühner und die jungen schleichen sich in der nacht in omas garten. leise öffnen sie den stall und packen die hühner in kartons. sie müssen aufpassen, dass die tiere nicht zu laut gackern. das tun sie aber doch. als sie alle kartons auf die fahrräder gezurrt haben, geht plötzlich das licht an. die tür des hauses öffnet sich und oma slättberg steht auf der schwelle. sie droht mit dem krückstock. laut schreit sie um hilfe: „diebe, räuber! na wartet!“

Denke daran:
1. Schreibe am **Satzanfang** groß.
2. Schreibe **Nomen** groß.

Findest du im Text alle Wörter mit **ß**? Unterstreiche sie. Schreibe die Wörter mit **ß** auf. Zu einigen Wörtern kannst du Reimwörter finden.

Die Pygmäen haben sich mit viel Fleiß ein Baumhaus gebaut. Das hat ihnen viel Spaß gemacht. Aber jetzt ist ihre Enttäuschung groß: Der Schrottplatz soll erweitert werden und morgen wird ein Bagger ihr Baumhaus niederreißen. Dabei ist der Schrottplatz eigentlich doch groß genug. Bis heute Abend müssen die Pygmäen die Sachen aus dem Baumhaus an die Straße geschafft haben. Dort holt Freds Vater alles ab und fährt es zum Großvater. Steve hat einen dicken Kloß im Hals. Er spürt, wie heiße Tränen in ihm hochsteigen, während er das Geschirr zusammenräumt.

Fleiß, __________

Spaß M _____	groß Kl _____	Fleiß h _____
heiß Schw _____	gießen schl _____	Schweiß w _____
Füße Gr _____	heißen b _____	Maß er verg _____
Nach **lang gesprochenem Selbstlaut** steht **ß**.	schließen fl _____	Gruß F _____

Ein **scharfes s** am Wortende kann **s** oder **ß** geschrieben werden.
Wenn du das Wort verlängerst, kannst du merken, wie es richtig heißen muss.
Trage im Text die fehlenden Buchstaben ein.

Die Pygmäen sind wütend. Ihr Baumhaus hat doch so viel Mühe gemacht! Es ist viel zu schade, um nun abgerissen zu werden. Fred ra___t zum Schrottplatz, klettert über den Zaun und nimmt sich eine Eisenstange. Er schwingt sie immer im Krei___. Dann haut er die Eisenstange in die Fensterscheibe des Baggers. Das macht Spa___, Rache ist sü___. Fred hat ein wenig Angst, denn als das Gla___ zerrei___t, ist es ganz leise auf dem Platz. Und wirklich, schon erscheint der Mann, der den Schrottplatz von seiner Hütte aus bewacht. Im ersten Moment wei___ er nicht, was lo___ ist. Aber dann ra___t er auf Fred zu.

Verlängere und überlege, ob du **s** oder **ß** einsetzen musst.

er ra___t	ra___en
der Krei___	viele ___
der Spa___	viele ___
sü___	sü___e Sachen
das Gla___	viele Glä___er
zerrei___t	zerrei___en
lei___	lei___e Musik
wei___	wi___en

Lies den Text und unterstreiche die **zusammengesetzten Nomen**.
Schreibe sie auf und achte auf die **Großschreibung**.

Die Bandenmitglieder haben versprochen, Sprotte heute bei der Gartenarbeit zu helfen. Sprotte sitzt im Gemüsebeet und hackt Unkraut. Sie rupft einige Kohlblätter ab und schmeißt sie über den Hühnerzaun. Trude hockt im Beet mit dem Rosenkohl und zupft Grashalme aus. Frieda rettet einen Regenwurm von Sprottes Hacke und legt ihn auf das Nachbarbeet. Melanies Hühnerfeder baumelt vor ihrer Brust. Fast hätte sie die Feder aus Versehen abgerissen. Schließlich sind alle fertig. Oma Slättberg ist so zufrieden, dass sie den Mädchen einen Keksteller und Limonadengläser hinstellt. Immerhin ist sie heute mal nett und die Mädchen freuen sich.

1. die Bandenmitglieder
2. die
3. das
4.
5.
6.
7.
8.
9.
10.
11.
12.

Aufgepasst: **St** und **st** wird oft anders gesprochen als geschrieben.
Findest du im Text alle Wörter, in denen **St** und **st** vorkommen? Schreibe sie auf.

„Wo stecken bloß wieder die verdammten Hühner?“ Die Pygmäen starren die Straße entlang. Eigentlich müssten sie auf dem Weg zu ihrem Treffen hier entlangkommen. Steve hat genau gehört, wie Sprotte Frieda zugeraunt hat, dass sie sich heute im Wohnwagen treffen wollen. „Sie kommen bestimmt gleich!“, beruhigt Willi die anderen Jungen. „Verlass dich drauf, die sind alle stur. Wenn sie sagen, sie kommen, dann kommen sie.“ Plötzlich erschreckt sie ein Gebrüll von hinten. Alle starren in die andere Richtung. Da stürmen die Wilden Hühner lachend aus dem Gebüsch. Sie stoßen die Pygmäen in die Rippen: „Wir wussten, dass ihr hier steht. Ihr könnt euch nicht verstecken, ihr stinkt meilenweit!“ Alle lachen.

Unterstreiche im Text alle Wörter mit Dehnungs-**h**. Ergänze in der Tabelle die fehlenden Wörter.

Trude nahm sich noch schnell das letzte Stück Sahnetorte. Nun war nichts mehr auf dem Kuchenteller. Sie stöhnte vor Entzücken leise auf und dehnte ihren Genuss so lang es ging aus. Sie sah aus dem Augenwinkel zu den anderen. Niemand hatte bemerkt, dass sie sich ein zweites Stück genommen hatte. Den ganzen Tag hatte sie Diät gehalten und sich wie ausgelaugt gefühlt. Wahrscheinlich wäre sie sogar vor Hunger einfach umgekippt, wenn sie jetzt nichts verzehrt hätte. Bestimmt sogar. Sie wäre ganz schwach geworden. Aber hatte sie auch wirklich keinen Fehler gemacht? Nein, sie hatte sich das Leben gerettet. So war das! Sie hatte keine andere Wahl!

Vergangenheit	Grundform	Gegenwart
sie nahm	nehmen	sie nimmt
sie stöhnte		
sie dehnte		
sie verzehrte		
sie fehlte		
sie wählte		

Wörter mit **Sp** und **sp** werden anders ausgesprochen als geschrieben.
Lies den Text laut und unterstreiche alle Wörter, in denen **Sp** und **sp** vorkommen.
Ordne sie richtig ein.

Sprotte und die anderen Mädchen machen Ferien auf dem Pferdehof. Am frühen Morgen springen sie aus den Betten und laufen zum Fenster. Durch die Sprossen am Fenster sehen sie auf die Weide. Dort stehen die Pferde mit aufmerksam gespitzten Ohren. Gespannt schaut Sprotte in den Himmel. Das Wetter wird gut heute. Sie freut sich auf den Tag, denn heute will sie zum erstem Mal springen. Ein Junge kommt mit einem Sctel auf die Weide. Lässig spuckt er auf den Boden und sattelt dann das Pferd. Jetzt wird es aber Zeit! Sprotte schaut in den Spiegel und fährt sich mit den Fingern durch das Haar. Das muss heute reichen.

Sp

sp

ng ist oft gar nicht leicht zu hören. Unterstreiche im Text alle Wörter, in denen **ng** vorkommt.

Oma Slättberg hat für Sprotte mal wieder eine Liste auf den Küchentisch gelegt, auf der draufsteht, was sie alles tun soll: Beete hacken, Dünger streuen und die Eier einsammeln. Sprotte stöhnt. Sie ringt mit sich, ob sie wirklich gleich anfangen soll. Sie langt nach dem Keksteller. Wenigstens den hat Oma hingestellt. Schließlich fängt Sprotte an. Sie hackt und zupft und plötzlich macht ihr die Arbeit sogar Spaß. Sie singt und hört gar nicht, dass Trude klingelt. Trude kommt in den Garten gelaufen und macht es sich im Gras bequem. Sie schaut Sprotte zu und in zwei Minuten verschlingt sie alle Kekse. „He, nur wer arbeitet, darf so viel essen!“, ruft Sprotte. Beide lachen.

Wie heißen die Wörter?

Geheimschrift

Dies ist eine Hühner-Geheimschrift mit einem ganz eigenen Alphabet. Sprotte hat es sich ausgedacht.

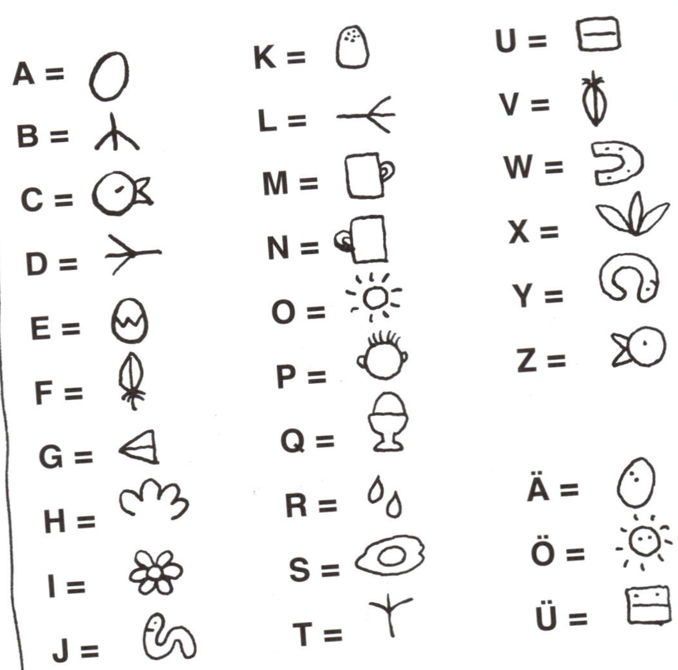

Lies den Text und unterstreiche alle **Verben**. Suche unten zu jeder **Grundform** die passende **Du-Form**.

„Was guckst du so komisch?“, flüstert Frieda während des Unterrichts Sprotte zu. Sprotte macht ein brummiges Gesicht. „Du ahnst es nicht. Erstens hat meine Mutter die ganze Nacht geheult vor Liebeskummer und zweitens will meine Oma nun wirklich alle Hühner in ihrem Stall ermorden!“ „Charlotte, redest du etwa mit deiner Nachbarin?“, fragt Frau Rose genervt. „Arbeitest du jetzt bitte endlich wieder mit?“ Sprotte nickt tapfer, aber dann raunt sie Frieda zu: „Kommst du in der Pause mit aufs Klo? Dann kannst du die ganze Geschichte erfahren.“ Frieda nickt.

Grundform	**Du-Form**
gucken	du guckst
ahnen	du
reden	
arbeiten	
kommen	
kochen	
trinken	
singen	
ziehen	

Achtung! Einige Verben verändern sich.

können	du
essen	du
fahren	du
lesen	du

Findest du im Text alle Wörter, in denen **pf** vorkommt? Markiere sie mit einem Stift.

Es regnet schon seit Tagen. Dicke Tropfen hängen an allen Pflanzen und Hecken. Die Wege sind aufgeweicht, und die Wiese hat sich in einen einzigen Sumpf verwandelt. Trotzdem sind fast alle Mädchen zum Treffen gekommen. Dumpf trommelt der Regen auf das Dach des Wohnwagens. Endlich kommt schimpfend Melanie. Vorsichtig hüpft sie von Stein zu Stein, damit sie in keine Pfütze tritt. Alle grinsen. „Na, du willst dir wohl keinen Schnupfen holen?“, fragt Trude. Melanie wird rot. „Ich habe heute neue Stiefel und Strümpfe an.“ „Spitze, das scheinen ja Hüpfstiefel zu sein!“, spottet Sprotte.

Kannst du reimen?

Lies den Text. Unterstreiche die Wörter mit der Endung **-ig**.

Die Wilden Hühner finden ihren neuen Bandentreff wunderschön. Es ist ein Wohnwagen, der Trude gehört. Er ist blau und von oben bis unten mit Sternen, Monden und feuerschweifigen Kometen bemalt. Die Mädchen finden das schön kitschig und irgendwie auch lustig. Alle sind neugierig, wie es wohl drinnen aussieht. Der Wohnwagen ist sehr geräumig und groß. Trude hat zur Feier des Tages fünf winzige Kuchen gebacken. Sie sind nur ein bisschen fettig, aber schmecken sehr gut. Und so feiern die Mädchen lustig und übermütig ihr erstes Treffen im neuen Wohnwagen.

feuerschweifig	ein	feuerschweifiger	Komet
kitschig	ein		Bild
lustig	die		Mädchen
neugierig	die		Mädchen
geräumig	der		Wohnwagen
winzig	ein		Kuchen
fettig	die		Kuchen
übermütig	die		Mädchen
zackig	die		Polizisten
traurig	die		Geschichte
salzig	eine		Suppe
würzig	eine		Soße
ranzig	die		Butter

Das oder **dass**? – Das ist hier die Frage. Trage **s** oder **ss** ein.

Sprottes Mutter schiebt ihrer Tochter den Teller über den Tisch.
„Ist da___ das Gericht, da___ du am liebsten magst?“
dieses welches

Sprotte schnuppert und verzieht das Gesicht. „Puh, du glaubst doch nicht im Ernst, da___ ich da___ esse? Dieses angebrannte Zeug, da___ da auf dem Tisch liegt. Igitt!“
Sprotte schüttelt sich. „Ich meine, da___ du es jetzt ein wenig zu weit treibst!“, lacht ihre Mutter. „Glaubst du, da___ ich meine eigene Tochter vergiften will?“ Sprotte muss nun auch lachen.
„Da___ habe ich nicht angenommen.“
„Na, schau her, ich finde, da___ du dich jetzt entschuldigen solltest“, sagt ihre Mutter und zieht eine wunderbar riechende Schale Pudding aus dem Ofen.

Ich glaube, ______ das Gericht aus Griechenland kommt.

Das Essen, ______ du mir gestern gekocht hast, war gut.

Ich meine nicht, ______ du zu viel dafür bezahlt hast.

Ich vermute wirklich, ______ er dich betrogen hat.

Das Fleisch, ______ er mir verkauft hat, war sehr gut.

Ich glaube nicht, ______ ich das Rezept noch habe.

Das Kind, ______ uns so anstarrt, wohnt im Nachbarhaus.

Tipp:
1. Wenn du **dieses** oder **welches** einsetzen kannst, schreibe **das**.

2. Nach **Verben** wie ich glaube, meine, fühle, sage steht **dass**.

Lies den Text und setze die fehlenden **Redezeichen** ein.
Schreibe den Text mit Redezeichen ab.

Die Pygmäen bauen sich ein neues Baumhaus. Sie haben Bretter zu einem kahlen Baum geschleppt. Steve ruft: „Torte, kannst du mir mal dieses Brett für die Leiter halten?“ Torte schreit zurück: Ja, ich komme gleich! Steve ruft noch hinterher: Und bring noch Nägel mit! Ich brauche noch welche. Willi sitzt schon oben im Baum. Er sägt gerade ein Brett für den Fußboden zurecht. Aber das geht schief, er sägt sich ein wenig in die Hand. Au! Verdammt!, schreit er. Das kann auch nicht gut gehen, wenn ich hier alles alleine machen muss. Willi lacht: Ich bin ja schon auf dem Weg. Er schwenkt einen bunten Sonnenschirm. Schaut mal, was ich aufgetrieben habe. Alle Jungen hören auf zu arbeiten und schauen zu Willi. Was willst du denn damit? , wundert sich Steve. Fred spottet: Du hast wohl Angst, dass wir einen Sonnenstich bekommen? Willi verzieht beleidigt das Gesicht. Das wird unser Dach! Das ist doch super. Torte nickt. Das ist ein guter Einfall. Ich hatte keine Idee, wie wir das Dach hinbekommen. Fred stimmt zu: Vor allem schützt uns der Schirm auch vor Regen.

Lösungen

Seite 3

Die Mädchen treffen sich in Omas Garten. Die Bande hat sich für drei Uhr verabredet. Natürlich kommt Frieda wieder zu spät. Sie muss auf ihren kleinen Bruder aufpassen, weil ihre Mutter zum Friseur gegangen ist. Als Frieda endlich da ist, fangen sie an. Sie geben sich einen Bandennamen: die Wilden Hühner.

die Wilden Hühner
die Toten Hosen
die Glorreichen Sieben

Seite 4

Bande, Hühner, Mädchen, Bandenzeichen, Hühnerfeder, Mitglied, Hals, Freundinnen, Einfälle, Hand, Feuer, Mädchen, Sprottes, Oma, Garten, Hühner, Pygmäen, Streiche, Jungen, Baumhaus, Bandentreff

das Huhn	die Hühner	der Garten	die Gärten
der Hals	die Hälse	der Baum	die Bäume
der Einfall	die Einfälle	das Haus	die Häuser
die Hand	die Hände		

Seite 5

Sprotte, will, Schuppen, Slättberg, herrscht, Kette, Türmatte Regentonne, schimmelige, überall, beginnt, schleppen, Pappe, Mausefalle, Falle, schnappt, kann, passieren

Seite 6

Sprotte, Mutter, Sonntag, Slättberg, Alle, wollen, Sprotte, will, schnell, Stall, fressen, will, sonnen, schüttet, Hennen, scharren, Sprotte, herrlich, Schatten, Slättberg, Sprotte, kannst

Sprotte	Schatten	wollen
Motte	Ratten	rollen
Sonne	Tonne	Matte
Tonne	Wonne	Watte
Stall	Knall	schnarren
Hall	Fall	knarren
Hacke	Jacke	schnell
Jacke	Backe	hell

Seite 7

gute Einfälle, dicke Trude, schöne Melanie, fürsorgliche Frieda, neugierige Wilma

dick	dicker	am dicksten
schön	schöner	am schönsten
neugierig	neugieriger	am neugierigsten
fürsorglich	fürsorglicher	am fürsorglichsten
groß	größer	am größten
klein	kleiner	am kleinsten
lang	länger	am längsten
weit	weiter	am weitesten

Seite 8

sitzt, baumelt, gähnt, guckt, knackt, erscheint, klettert, fragt, grinst, springt, schwitzt, keucht, taucht, kriecht, kichert, schüttet

Seite 10

schimpft, flucht, ärgert, gestohlen, haben, hat, gelegt, aufgepasst, bohrt, kaut, überlegt, wiederbekommen, kann, hilft, muss, erzählen, schüttet, seufzt, setzt, will, hat

sie schimpft	–	schimpfen
sie flucht	–	fluchen
sie ärgert sich	–	sich ärgern
sie bohrt	–	bohren
sie kaut	–	kauen
sie überlegt	–	überlegen
es hilft	–	helfen
sie schüttet	–	schütten
sie seufzt	–	seufzen
sie setzt sich	–	sich setzen
sie hat	–	haben

Seite 11

nach dem Essen, zu einem Treffen, das Laufen dein Keuchen, das Warten

essen	–	nach dem Essen
treffen	–	zu einem Treffen
laufen	–	das Laufen
keuchen	–	dein Keuchen
warten	–	das Warten
kaufen	–	das Kaufen
trinken	–	das Trinken
betreten	–	das Betreten
kommen	–	das Kommen
telefonieren	–	das Telefonieren
schwimmen	–	beim Schwimmen
joggen	–	vom Joggen

Seite 12

Vor- / vor-
voraus, Vorschlag, vorlesen

Ver- / ver-
verabreden, verrückt, verlegen, verschwinden, verlangen vergessen, verlange

Seite 13

schrecklich, schlucken, hackt, picken, Hecken, Macke, meckert, Blick, rackere, wackelt, nickt

schlucken	–	schlu-cken
hacken	–	ha-cken
picken	–	pi-cken
meckern	–	me-ckern
rackern	–	ra-ckern
wackeln	–	wa-ckeln
nicken	–	ni-cken

Seite 14

Herd, Duft, Luft, Unkraut, gezupft, Haut, Kind, rund, Mund, Wort, leid

der Herd	–	die Herde
der Duft	–	die Düfte
die Luft	–	die Lüfte
das Kraut	–	die Kräuter
gezupft	–	gezupfte Kräuter
die Haut	–	die Häute
das Kind	–	die Kinder
rund	–	runde Pfannkuchen
der Mund	–	die Münder
das Wort	–	die Wörter
leid	–	leiden

Seite 15

Urlaub, trüb, neblig, Korb, hochhebt, gelb Mikroskop, piept, grob

Urlaub:	Urlauber, die Urlaube, Urlaubsreise
trüb:	trübes Wetter, betrüben, Trübsal
neblig:	der Nebel, vernebeln, Nebellicht

Korb:	die Körbe, Korbflechter
hebt:	heben, Gewichtheber, Hebel, Hubraum
gelb:	gelbe Farbe, gelblich
Mikroskop:	die Mikroskope, mikroskopieren mikroskopisch klein
piept:	piepen, Laubenpieper, Piepmatz
grob:	grober Sand, vergröbern, Grobheit

Seite 16

Wörter mit b:
Urlaub, Urlauber, die Urlaube, Urlaubsreise
trüb, trübes, betrüben, Trübsal
neblig, Nebel, vernebeln, Nebellicht
Korb, Körbe, Korbflechter
hebt, heben, Gewichtheber, Hebel, Hubraum
gelb, gelbe, gelblich
grob, grober, vergröbern, Grobheit

abladen, abschieben, abschreiben, abholen, abmachen, die Abreise, die Abfahrt, die Absage, der Abflug

Wörter mit p:
Mikroskop, Mikroskope, mikroskopieren, mikroskopisch
piept, piepen, Laubenpieper, Piepmatz

Seite 17

singt, Quark, salzig, legt, Werk, biegt, Gartenzwerg, blinkt, Geschenk, liegt, biegt, winkt

er singt singen	sie biegt biegen	sie liegt liegen
salzig salziges Brot	der Zwerg die Zwerge	sie fliegt fliegen
sie legt legen	es blinkt blinken	sie winkt winken
das Werk die Werke	das Geschenk die Geschenke	der Quark Das musst du dir merken.

Seite 18

Meer, See, Nordsee, Tee, Kaffee, Saal, Aal, Haar, paar, leerem

aa:
Saal, Aal, Haar, paar
ee:
Meer, See, Nordsee, Tee, Kaffee, leerem

Seite 19

nicht, Mädchen, möchte, wirklich, Nachts, Natürlich, machen, Mädchen, feierlich, Tuch, kocht, Licht, erleuchten, mächtig, plötzlich, sich, echtes, noch, rechnet, sich

ch wie in ich:		**ch wie in Bach:**
nicht	erleuchten	nachts
möchte	mächtig	machen
wirklich	plötzlich	Tuch
natürlich	sich	kocht
Mädchen	echtes	noch
feierlich	rechnet	
Licht	sich	
fürchten		Buch
sicher		Dach
		Krach
		flach
		versuchen

Seite 20

die, die, viel, sie, viele, verschiedene, Tiere, riesige, Kiefer, ziemlich, die, Dieb, Diesseits, Friedhöfen, beschließen, abzuschließen, Sie, tiefen

Übe mit Reimen:

die	viel	tief
sie	Siel	Mief
wie	Ziel	schnief
Dieb	beschließen	Riese
lieb	begießen	miese
er rieb	genießen	Liese

Seite 21

Klassenfahrt, Schreibtisch, Schlafmütze, Kaugummi, Waschlappen, Hüpfkästchen, Rennrad, Laufschuhe, Kletterschuhe, Schmusetier, Leseratte

Seite 22

viel, veranstalten, Vorfreude, vier, brav, Steve, verantwortlich, Klavier, viele, Steve, verehrt, Veilchenstrauß, verrät, Kavalier, verlegen

v wie f ausgesprochen:	**v wie w ausgesprochen:**
viel	Steve
veranstalten	Klavier
Vorfreude	Kavalier
vier	
brav	Vase
verantwortlich	Vokal
viele	Vanille
verehrt	Villa
Veilchenstrauß	Violine
verrät	
verlegen	
Verkehr	
vielleicht	
Vater	

Seite 24

müssen, lässt, Muss, hasst, dass, fressen, passen, fassen, anfassen, lassen

müssen	–	er muss
lassen	–	er lässt
hassen	–	er hasst
fressen	–	er frisst
passen	–	er passt
fassen	–	er fasst
anfassen	–	er fasst an
lassen	–	er lässt

Seite 25

Die Wilden Hühner und die Jungen schleichen sich in der Nacht in Omas Garten. Leise öffnen sie den Stall und packen die Hühner in Kartons. Sie müssen aufpassen, dass die Tiere nicht zu laut gackern. Das tun sie aber doch. Als sie alle Kartons auf die Fahrräder gezurrt haben, geht plötzlich das Licht an. Die Tür des Hauses öffnet sich und Oma Slättberg steht auf der Schwelle. Sie droht mit dem Krückstock. Laut schreit sie um Hilfe: „Diebe, Räuber! Na wartet!"

Seite 26

Fleiß, Spaß, groß, niederreißen, groß, Straße, Großvater, Kloß, heiße

Spaß	groß	Fleiß
Maß	Kloß	heiß
heiß	gießen	Schweiß
Schweiß	schließen	weiß

Füße	heißen	Maß
Grüße	beißen	er vergaß
schließen	Gruß	
fließen	Fuß	

Seite 27

rast, Kreis, Spaß, süß, Glas, zerreißt, weiß, los, rast

er rast	–	rasen
der Kreis	–	viele Kreise
der Spaß	–	viele Späße
süß	–	süße Sachen
das Glas	–	viele Gläser
zerreißt	–	zerreißen
leis	–	leise Musik
er weiß	–	wissen

Seite 28

1. die Bandenmitglieder
2. die Gartenarbeit
3. das Gemüsebeet
4. die Kohlblätter
5. der Hühnerzaun
6. der Rosenkohl
7. die Grashalme
8. der Regenwurm
9. das Nachbarbeet
10. die Hühnerfeder
11. der Keksteller
12. die Limonadengläser

Seite 29

St
Straße, Steve
st
stecken, starren, müssten, bestimmt, stur, starren, stürmen, stoßen, wussten, steht, verstecken, stinkt

Seite 30

nahm, Sahnetorte, mehr, stöhnte, dehnte, ihren, sah, gefühlt, Wahrscheinlich, verzehrt, Fehler, Wahl

Vergangenheit	Grundform	Gegenwart
sie nahm	nehmen	sie nimmt
sie stöhnte	stöhnen	sie stöhnt
sie dehnte	dehnen	sie dehnt
sie verzehrte	verzehren	sie verzehrt
sie fehlte	fehlen	sie fehlt
sie wählte	wählen	sie wählt

Seite 31

Sp
Sprotte, Sprossen, Spiegel
sp
springen, gespitzten, gespannt, springen, spuckt

Seite 32

Dünger, ringt, anfangen, langt, fängt an, singt, klingelt, verschlingt

ringen, anfangen, langen, fangen, singen, klingeln

Seite 33

guckst, flüstert, macht, ahnst, hat, geheult, will, ermorden, redest, fragt, Arbeitest, nickt, raunt, Kommst, kannst, erfahren, nickt

Grundform		Du-Form
gucken	–	du guckst
ahnen	–	du ahnst
reden	–	du redest
arbeiten	–	du arbeitest
kommen	–	du kommst
kochen	–	du kochst
trinken	–	du trinkst
singen	–	du singst
ziehen	–	du ziehst
können	–	du kannst
essen	–	du isst
fahren	–	du fährst
lesen	–	du liest

Seite 34

Tropfen, Pflanzen, Sumpf, Dumpf, schimpfend, hüpft, Pfütze, Schnupfen, Strümpfe, Hüpfstiefel

Sumpf	Zopf	Topf
Strumpf	Topf	Kopf
rupfen	dampfen	Mütze
zupfen	mampfen	Pfütze
Herd	stopfen	Schnupfen
Pferd	klopfen	rupfen
Kopf	Tupfen	klopfen
Knopf	Schnupfen	Tropfen

Seite 35

feuerschweifigen, kitschig, lustig, neugierig, geräumig, winzige, fettig, lustig, übermütig

feuerschweifig	–	ein feuerschweifiger Komet
kitschig	–	ein kitschiges Bild
lustig	–	die lustigen Mädchen
neugierig	–	die neugierigen Mädchen
geräumig	–	der geräumige Wohnwagen
winzig	–	ein winziger Kuchen
fettig	–	die fettigen Kuchen
übermütig	–	die übermütigen Mädchen
zackig	–	die zackigen Polizisten
traurig	–	die traurige Geschichte
salzig	–	eine salzige Suppe
würzig	–	eine würzige Soße
ranzig	–	die ranzige Butter

Seite 36

das, das, dass, das, das, dass, dass, Das, dass

dass, das, dass, dass, das, dass, das

Seite 37

Die Pygmäen bauen sich ein neues Baumhaus. Sie haben Bretter zu einem kahlen Baum geschleppt. Steve ruft: „Torte, kannst du mir mal dieses Brett für die Leiter halten?" Torte schreit zurück: „Ja, ich komme gleich!" Steve ruft noch hinterher: „Und bring noch Nägel mit! Ich brauche noch welche." Willi sitzt schon oben im Baum. Er sägt gerade ein Brett für den Fußboden zurecht. Aber das geht schief, er sägt sich ein wenig in die Hand. „Au! Verdammt!", schreit er. „Das kann auch nicht gut gehen, wenn ich hier alles alleine machen muss." Willi lacht: „Ich bin ja schon auf dem Weg." Er schwenkt einen bunten Sonnenschirm. „Schaut mal, was ich aufgetrieben habe." Alle Jungen hören auf zu arbeiten und schauen zu Willi. „Was willst du denn damit?", wundert sich Steve. Fred spottet: „Du hast wohl Angst, dass wir einen Sonnenstich bekommen?" Willi verzieht beleidigt das Gesicht. „Das wird unser Dach! Das ist doch super." Torte nickt. „Das ist ein guter Einfall. Ich hatte keine Idee, wie wir das Dach hinbekommen." Fred stimmt zu: „Vor allem schützt uns der Schirm auch vor Regen."